AF250471

LES
DEUX RÉPUBLIQUES

—LOUIS BLANC & GAMBETTA—

OUVRAGES DU MÊME AUTEUR

L'AME DES ÉCOLIERS.

COMME ON DEVIENT UN HOMME (ouvrage couronné par la Société pour l'Instruction élémentaire).

LES MERES ET LES ENFANTS.

LE SUICIDE.

LE COUP-D'ÉTAT DE PARIS. Commune et Versailles.

LOUIS XVI ET LA CONSTITUANTE *(sous presse)*.

Edm. DOUAY

LES

DEUX RÉPUBLIQUES

— LOUIS BLANC ET GAMBETTA —

PARIS

LIBRAIRIE POLITIQUE, AGRICOLE & SCIENTIFIQUE

André **SAGNIER**, Éditeur

7, CARREFOUR DE L'ODÉON, 7

(Anciennement rue de Fleurus, 9)

1871

LES DEUX RÉPUBLIQUES

La Révolution de 1870

Là Révolution du 4 septembre, la Défense de Paris, le soi-disant Pacte de Bordeaux, la République formaliste et la République radicale sont à la fois des causes et des effets qui nous préparent de nouveaux et prochains événements.

On a tout dit sur la Révolution du 4 Septembre, excepté la vérité. La lumière se fait et se fera. Cette volte-face rapide de la nation française du despotisme vers la liberté républicaine ne s'est pas accomplie sans une profonde secousse morale. Quelles en seront les suites? Pour le pressentir, il est nécessaire de remonter rapidement le cours des événements qui se sont succédé depuis lors avec une si écrasante rapidité.

La Défense de Paris

Après les résultats néfastes du plan du général Trochu, pour (j'allais dire contre) la défense de Paris, la République vit former à Bordeaux un autre plan, tout à fait analogue et non moins funeste.

Il faut avoir la clef du premier pour comprendre le second.

Lorsque les Prussiens eurent écrasé, sous leurs masses et sous les feux de leur artillerie, par leurs habiles surprises et la multiplicité de leurs espions, les divers corps de l'armée impériale, et qu'ils se dirigèrent sur Paris, le gouvernement du 4 Septembre n'osa point retirer au général Trochu sa place de gouverneur de Paris et le remplacer par un général de plus nette attitude.

Ce gouverneur, orléaniste avoué, mais rallié à l'Empire, nommé à ce poste malgré les défiances qu'il inspirait personnellement à Napoléon, était soutenu par une réputation exagérée de capacité.

D'un autre coté, le crédit de sa femme auprès du clergé, la confiance des bonapartistes, l'espoir des orléanistes, la présence et le dévouement particulier des mobiles bretons, ses sentiments catholiques et bourgeois, toutes ces causes réunies conservèrent sa charge au général, par une sorte de tacite convention.

D'ailleurs, l'opinion publique lui était favorable : il avait affiché qu'il avait un plan, et que jamais le gouverneur de Paris ne capitulerait.

Cette assurance avait déterminé, sinon la confiance de tous, du moins une suspension d'hostilité systématique contre le fonctionnaire impérial.

Ni Louis Blanc ni Gambetta n'entravèrent ses projets. Jamais dictature ne fut plus complète : les membres même du gouvernement servaient de garants à cette dictature.

Nul, à ce moment-là, ne songeait à troubler la réalisation des desseins secrets du général pour la défense de Paris.

Il y avait pourtant des républicains que cette confiance de la population inquiétait : le général Trochu, plutôt critique d'art militaire qu'organisateur, sauverait-il la capitale ?

Un fait qui jusqu'à ce jour a passé inaperçu donnait une force croissante à cette inquiétude.

A la nouvelle de nos désastres et de l'indiscipline des mobiles parisiens au camp de Châlons, le *sept* août 1870, on avait proposé la création de bataillons de volontaires dans la garde nationale de Paris.

« Ces bataillons de volontaires auraient été envoyés au camp de Châlons pour donner l'exemple de la discipline et de tous les devoirs militaires ; du camp de Châlons on les aurait dirigés avec les mobiles vers la frontière, où ils auraient combattu dans les rangs de l'armée, et montré ainsi l'indivisibilité morale et nationale de la défense du pays. »

« Cette formation de volontaires destinés à renforcer la mobile et l'armée, devait être proposée en exemple à toutes les gardes nationales de France. »

On aurait eu ainsi, dès le mois d'août, 500,000 volontaires, non pas seulement pour le combat, mais pour l'exemple.

Cette proposition, à la fois pratique et patriotique, avait frappé le gouvernement.

Elle fut adoptée le *dix-sept août.*

Le général Trochu, gouverneur de Paris,

ne pouvait pas l'ignorer : d'autant moins qu'à l'acceptation officielle de cette proposition était jointe une circulaire adressée à tous les commandants des bataillons de la garde nationale de Paris.

Cette circulaire indiquait le mode de recrutement et d'armement de ces volontaires : ils devaient avoir des armes à tir rapide et des officiers tirés de l'armée pour instructeurs.

Après le 4 septembre, l'auteur de cette proposition écrivit lui-même plusieurs fois au général Trochu, qui répondit par l'*Officiel*, « qu'il était dans l'impossibilité de répondre à toutes les communications, à tous les conseils. »

Ce n'était pas une réponse que l'on demandait, c'était l'exécution immédiate du projet adopté par le gouvernement : l'on pouvait ainsi arrêter les progrès de l'invasion.

Ce projet, il ne faut pas l'oublier, *adopté le dix-sept août*, ne fut exécuté qu'au *mois de novembre*, DEUX MOIS ET DEMI après son adoption, sous le feu des Prussiens : systématiquement trop tard. Nous ne rappelons que pour mémoire les entraves apportées à la fabrication des canons de 7 se chargeant par la culasse, la libre entrée de Paris laissée à tous les étrangers, la négligence de la fermeture des portes, la liberté des communications de Paris avec le dehors, l'annonce officielle de la fermeture des portes la veille des sorties, les étranges latitudes accordées à la société *internationale de secours aux blessés*, la présence à Paris de cent mille Allemandes et d'un nombre considérable d'Allemands, qu'on n'avait pas voulu, pour des motifs restés inconnus, renvoyer aux lignes prussiennes, malgré l'investissement et la famine.

Les mystères du plan de la défense de Paris sont aujourd'hui révélés par les résultats.

Le bon sens populaire en a fait un proverbe : l'absence de plan s'appelle aujourd'hui un *plan Trochu*.

Pour nous, nous serions plus sévères : le général Trochu avait dit en conseil des ministres du gouvernement de la défense nationale : « la défense de Paris est une folie héroïque. »

Il avait fait afficher qu'il ne capitulerait pas. Commettre de sang-froid une folie héroïque, ou plutôt la faire commettre aux autres et toucher pour cela 100,000 francs sans remords, tandis que l'armée et la garde nationale versent leur sang de confiance, cela peut être de la folie ; mais personne n'osera prétendre que c'est de l'héroïsme.

Paris a cruellement expié sa crédulité : c'est le plan Trochu qui a fait la capitulation de Paris et la Commune.

C'est le plan Trochu qui a fait différer la véritable organisation de la défense nationale et principalement de la défense de Paris.

C'est le plan Trochu qui a fait le succès des Prussiens à Châtillon, et c'est de Châtillon que les Prusssiens ont bombardé la rive gauche.

C'est le plan Trochu qui a exaspéré par ses résultats nos patriotiques faubourgs et qui, après avoir déterminé le 31 octobre, a préparé le 18 mars.

C'est le plan Trochu qui a fait l'humiliation de Paris : la Commune, à travers ses crimes, a montré, avec moins de 60,000 hommes de gardes nationales désorganisées, mal commandées et mêlées de faux-frères, ce que Paris aurait pu accomplir contre les Prussiens.

Ou le général Trochu croyait à la possibilité d'une restauration bonapartiste, ou il croyait au maintien de la République.

N'étant ni bonapartiste, ni républicain, il devait, au nom de sa seule probité, se démettre de ses fonctions.

Ne croyant pas à la possibilité de la défense ; et, par la plus étrange des contradictions, résolu, disait-il, à ne point capituler : il devait laisser à d'autres citoyens la direction de la défense ; ou se démettre, ou conseiller la reddition immédiate, et se retirer devant le refus du gouvernement.

Le général Trochu est coupable devant la France, devant la République et devant l'histoire, de tout le sang versé pour un plan qui n'existait pas.

Il a tout perdu, fors l'honneur de capituler, qu'il a bravement laissé à son remplaçant.

La population parisienne en a gardé fidèle souvenir, et les questions politiques en sont devenues plus irritantes.

Le plan Trochu à l'Assemblée de Bordeaux
Le soi-disant pacte

L'Assemblée de Bordeaux semble avoir aussi formé son plan Trochu : ne rien faire de décisif, tout laisser sur une pierre d'attente.

Vérité incontestable : l'Assemblée de Bordeaux n'a pas reçu d'autre mandat que celui de décider la guerre ou la paix avec les Prussiens ; de régler les conditions pécuniaires et territoriales de la paix, si elle était votée.

Les journaux soldés ou convaincus de la monarchie parlent sans cesse du *pacte de Bordeaux*.

Ce pacte de Bordeaux n'a jamais existé, par la bonne raison que personne, dans l'Assemblée, n'avait qualité et ne pouvait avoir mandat de faire ce pacte, encore moins de le signifier à la nation, aux électeurs.

Il y avait un armistice avec les Prussiens, qui attendaient, l'arme au pied, la décision de l'Assemblée.

Il s'agissait de la paix ou de la guerre : naturellement, il ne s'est pas trouvé dans l'Assemblée un seul député qui pût oser sortir de la question terrible qui s'agitait sous le regard de l'ennemi ; monarchistes et républicains, par une convention tacite, font délibéré uniquement sur l'objet même de leur mandat. La Prusse attendait.

Cette convention tacite, imposée par la nécessité politique et par la logique même de la situation, a été travestie et décorée du nom de pacte de Bordeaux.

M. Thiers l'a plus justement appelée la *trêve des partis.*

Une trêve suppose la guerre.

C'est la guerre que les monarchistes, plus dévoués à leurs intérêts personnels, à leurs princes dépositaires de ces intérêts, au clergé complice éternel des princes, c'est la guerre que les monarchistes ont recommencée contre la République.

Et pourtant, nous le demandons à tous les Français qui aiment leur pays plus qu'eux-mêmes, la République n'est-elle pas le seul gouvernement qui puisse, non pas seulement donner satisfaction à tous les intérêts légitimes, fonder l'ordre public sur la volonté de tous, la paix sociale sur les bases de la science et de la morale, l'économie sur l'abolition des sinécures princières, des monopoles, des priviléges, des faveurs, et de la liste civile?

Mais l'ignorance de quatorze millions d'illettrés exposés à toutes les influences, à toutes les passions, à toutes les convoitises, les traditions d'obéissance, de résignation, de crainte et de servilité, les avidités des princes et de leurs courtisans, plus avides encore que les princes, les nécessités professionnelles du clergé, dont les membres sont sujets de Rome avant d'être Français, la rivalité des bourgeois et des ouvriers, des villes et des campagnes, la crainte de réformes sociales, maintiennent la République en état de puissance belligérante à l'intérieur : il y a en France des partis.

Les Monarchies, la République

Les partis monarchiques sont des états-majors sans soldats, états-majors composés de quelques hommes convaincus, d'un plus grand nombre de courtisans des princes et d'ambitieux avides.

La république a son état-major et ses troupes.

Cet état-major compte parmi ses capitaines la plupart des illustrations de la littérature, de la science et du patriotisme.

Les troupes se composent de la jeunesse des écoles, de la masse des lettrés, des ouvriers des villes et de tous ceux qui espèrent un sort meilleur par les réformes sociales.

Des dix millions d'électeurs l'on peut dire qu'il n'y a point, parmi eux, trois cent mille monarchistes qui aient conscience de leurs opinions.

Mais le pacte de Bordeaux n'a pas fait disparaître les dissentiments des républicains : aujourd'hui comme à la veille du soi-disant pacte bordelais, il y a les républicains formalistes et les républicains radicaux.

L'opinion publique donne pour chef parlementaire aux premiers Louis Blanc, aux autres Gambetta.

Pendant la Commune, Louis Blanc est resté à Versailles; Gambetta était à Saint-Sébastien.

La République formaliste est demeurée au sein de l'Assemblée; la république radicale attendait les événements.

De monarchie il ne peut être question que dans les entretiens particuliers, dans quelques salons, dans quelques coteries princières. Une restauration monarchique ne serait pas même une trêve nouvelle; ce se-rait une guerre perpétuée au sein de la nation, une nouvelle révolution à courte échéance.

La France veut travailler, se relever de ses désastres impériaux, et reprendre le cours de ses destinées.

Aurons-nous la république formaliste ou

la république radicale, Louis Blanc ou Gambetta?

Quel sera le résultat du plan adopté par l'Assemblée de Bordeaux?

Louis Blanc et Gambetta

Il y a une singulière analogie entre la situation de la *droite* et celle de Louis XVI.

La droite ne peut manquer d'avoir le sort parlementaire de cet incapable monarque, dont elle semble avoir adopté les inconséquences et les préjugés.

Comme Louis XVI, elle représente la royauté, la noblesse, le clergé, les priviléges.

Comme Louis XVI, elle est irrésolue, faible et violente.

Comme Louis XVI, elle cherche à ressaisir son pouvoir qui lui échappe.

Comme Louis XVI, elle a devant elle le tiers-état, qui attend la convocation de ses électeurs pour lui dire sa pensée.

Comme Louis XVI, elle a peur des États généraux de la nation : elle sent que la puissance politique des priviléges et du clergé a fait son temps.

Les élections prochaines supprimeront évidemment la droite monarchique : elle fera place à une droite républicaine.

Si les réunions électorales sont libres, et elles le seront par l'énergie de tous les bons citoyens, la prochaine Assemblée nationale sera tout entière républicaine.

Quel est le candidat qui oserait dire ouvertement, honnêtement : je veux renverser la République ?

Il y aura donc encore une droite, mais plus doucement monarchique, plus judicieuse, plus progressive, monarchiquement républicaine, si l'on veut, mais républicaine.

Dans cette assemblée nouvelle Louis Blanc et Gambetta ne seront plus des chefs en expectative ; ils dirigeront, ils inspireront les décisions, les lois, l'esprit général de la République française.

Lequel de ces deux chefs aura le plus d'autorité auprès de l'Assemblée ? le républicain formaliste ou le républicain radical ?

Louis Blanc veut la république parce que la monarchie ne peut plus être, en France : c'est un gouvernement d'émeutes constitutionnelles, de restauration du désordre.

Après la troisième république, il n'y aurait plus de possible en France qu'une monarchie absolue. Or, le despotisme a fait son temps, l'émeute et le désordre et les révolutions nous ont assez ruinés au profit des princes de France ou de Corse : ruines morales ou matérielles. La monarchie constitutionnelle serait l'émeute, le désordre, les révolutions en expectative : comme le despotisme, les compromis et les profits dynastiques ont fait leur temps.

C'est pourquoi Louis Blanc, historien éminent, mûri par l'exil et par la science, a déclaré que la forme républicaine est la seule qui convienne à la France, historiquement.

Il a raison.

Gambetta, plus jeune, plus ardent, veut la République parce que c'est le gouvernement *du droit et du devoir absolus.*

La monarchie despotique ou constitutionnelle ne lui représente que le gouvernement du droit et du devoir relatifs, d'un droit légal qui opprime la conscience et engendre la révolte légitime.

La république formaliste ne suffit pas à

ses convictions enthousiastes; il veut la république avec toutes ses conséquences: la république radicale.

Tous les deux ont le même credo politique: la déclaration des droits de l'homme et du citoyen rédigé par la première Constituante.

Pour l'intelligence de la situation, il est bon de rappeler ce document.

Le credo politique de Louis Blanc et de Gambetta

Déclaration des droits de l'homme et du cytoyen faite par la Constituante de 1789

I

Les hommes naissent et demeurent libres et égaux en droits. Les distinctions sociales ne peuvent être fondées que sur l'utilité commune.

II

Le but de toute association politique est la conservation des droits naturels et imprescriptibles de l'homme. Ces droits sont: la liberté, la propriété, la sûreté et la résistance à l'oppression.

III

Le principe de toute souveraineté réside essentiellement dans la nation. Nul corps, nul individu ne peut exercer l'autorité qui n'en émane pas expressément.

IV

La liberté consiste à pouvoir faire tout ce qui ne nuit pas à autrui. Ainsi l'exercice des droits naturels de chaque homme n'a de bornes que celles qui assurent aux autres membres de la société la jouissance de ces mêmes droits. Ces bornes ne peuvent être déterminées que par la loi.

V

La loi n'a le droit de défendre que les actions nuisibles à la société. Tout ce qui n'est pas défendu par la loi ne peut être empêché, et nul ne peut être contraint à faire ce qu'elle n'ordonne pas.

VI

La loi est l'expression de la volonté générale. Tous les citoyens ont le droit de concourir personnellement ou par leurs représentants à sa formation. Elle doit être la même pour tous, soit qu'elle protège, soit qn'elle punisse. Tous les citoyens, étant égaux à ses yeux, sont également admissibles à toutes les dignités, places et emplois publics, sans autre distinction que celle de leurs vertus et de leurs talents.

VII

Nul homme ne peut être accusé, arrêté ni détenu que dans les cas déterminés par la loi, et selon les formes qu'elle a prescrites. Ceux qui sollicitent, expédient ou font exécuter des ordres arbitraires doivent être punis; mais tout citoyen appelé ou saisi en vertu de la loi doit obéir à l'instant : il se rend coupable par la résistance.

VIII

La loi ne doit établir que des peines

strictement et évidemment nécessaires, et nul ne peut être puni qu'en vertu d'une loi établie et promulguée antérieurement au délit et légalement appliquée.

IX

Tout homme étant présumé innocent jusqu'à ce qu'il ait été déclaré coupable, s'il est jugé indispensable de l'arrêter, toute rigueur qui ne serait pas nécessaire pour s'assurer de sa personne doit être sévèrement réprimée par la loi.

X

Nul ne doit être inquiété pour ses opinions, même religieuses, pourvu que leur manifestation ne trouble pas l'ordre public, établi par la loi.

XI

La libre communication des pensées et des opinions est un des droits les plus précieux de l'homme : tout citoyen peut donc parler, écrire, imprimer librement, sauf à répondre de l'abus de cette liberté dans les cas déterminés par loi.

XII

La garantie des droits de l'homme et du citoyen nécessite une force publique ; cette force est donc instituée pour l'avantage de tous et non pour l'utilité particulière de ceux à qui elle est confiée.

XIII

Pour l'entretien de la force publique et pour les dépenses d'administration, une contribution commune est indispensable ; elle doit être également répartie entre tous les citoyens, en raison de leurs facultés.

XIV

Tous les citoyens ont le droit de constater, par eux-mêmes ou par leurs représentants, la nécessité de la contribution publique, de la consentir librement, d'en suivre l'emploi et d'en déterminer la quotité, l'assiette, le recouvrement et la durée.

XV

La société a droit de demander compte à tout agent public de l'àdministration.

XVI

Toute société dans laquelle la garantie des droits n'est pas assurée, ni la séparation des pouvoirs déterminée, n'a point de constitution.

XVII

La propriété étant un droit inviolable et sacré, nul ne peut en être privé, si ce n'est lorsque la nécessité publique, légalement constatée, l'exige évidemment, et sous la condition d'une juste et préalable indemnité.

Cette déclaration des droits naturels, civils

et politiques du citoyen français est le symbole républicain.

Aucune charte, aucune constitution monarchique ne peut l'adopter sans détruire la monarchie.

C'est la charte des droits, la constitution des constitutions ; mais les progrès de la raison publique et des classes laborieuses, maîtresses des destinées nationales par le suffrage universel, y ont ajouté des commentaires.

Ce n'est plus seulement la déclaration des bourgeois de 1789 qui peut régler la République.

Tous les principes qu'ils ont posés n'ont pas encore reçu leur application permanente, par exemple, ni la liberté de la parole, du journal, du livre et de l'imprimerie, énoncée dans l'article XI, ni la responsabilité des fonctionnaires publics affirmée dans l'article XV.

Leur application complète pourrait être considérée comme un progrès vraiment républicain ; les nécessités sociales dominent aujourd'hui la situation.

En 1789, c'était une hardiesse révolutionnaire d'affirmer que les nobles et les prêtres devaient payer l'impôt et obéir aux mêmes lois que les autres Français.

L'égalité devant la loi, la suppression des priviléges et des monopoles semblaient être des audaces, sinon des utopies.

La Noblesse, le Clergé.

Ni la noblesse, ni le clergé n'ont pardonné
à 1789. Ils ne pardonnent pas davantage aux
progrès de la science et de la morale.

Chaque jour, les progrès incessants du
droit, du devoir et de l'économie sociale les
alarment, les irritent ; et ils unissent leurs
forces contre la république, gouvernement
de tous par tous, de la conscience et de la
justice.

Avant d'être Français, ils sont nobles et
prêtres. Non pas qu'ils haïssent la France,
la patrie commune : ils la servent à leur manière.

Leur manière est monarchique, par éducation, par intérêt, par tradition de famille
et de classe.

Ils ne voient pas que la question républicaine est devenue la question sociale.

C'est ce que Louis Blanc avait vu, il y a
longtemps.

Louis Blanc dans le passé, dans l'avenir

L'on se rappelle les assises ouvrières qu'il présidait au Luxembourg, en 1848.

L'expérience, son long séjour en Angleterre n'ont pas modifié sa croyance : la république, c'est pour lui le gouvernement des solutions sociales, et de la paix sociale par les solutions politiques.

Les idées qu'il exprimait en 1848 devant les ouvriers, sur les salaires, ont changé au point de vue pratique ; elles n'ont pas varié au point de vue théorique : il ne réclamerait plus l'égalité unique des salaires ; mais il veut l'égalité de droits entre le patron et l'ouvrier.

Il voit dans la république la juste répartition de toutes les charges sociales, la paix entre le capital et le travail, l'amélioration du sort des classes laborieuses par la justice, les misères de la femme et de l'ouvrière adoucies ou supprimées, la disparition des iniquités sociales, qu'elles frappent l'homme, la femme, l'enfant, le vieillard, le riche ou le pauvre.

Pour lui, la forme républicaine est, par excellence, le gouvernement de la justice sociale.

La France républicaine, c'est la France en possession d'elle-même, c'est-à-dire de tous les progrès par la volonté de tous les citoyens, par l'union de toutes les forces sociales.

Hors de la république pas d'union, pas de progrès, pas d'améliorations sociales.

C'est le gouvernement du patriotisme, de la lumière et du bonheur.

L'éminent historien a fait l'homme politique. La république formaliste a rencontré en lui son plus vaillant défenseur, son apôtre le plus convaincu, le plus autorisé.

Lorsqu'il voit l'Assemblée de Versailles marcher au hasard des passions ou des intérêts, il assiste impassible à ces turbulences ondoyantes et diverses, l'esprit fixé sur les réformes sociales que ni les passions ni les intérêts n'empêcheront de se réaliser, parce que la république est devenue le gouvernement de la nécessité, du salut.

Il tient ce calme des enseignements de l'histoire, et de ses convictions.

Si l'on pouvait s'exprimer ainsi, il est plus socialiste que républicain.

Nous croyons qu'il signerait volontiers la plupart des articles du programme du prochain congrès suisse, et qu'il y proposerait plusieurs amendements.

Ce programme peut être considéré comme celui de tous les congrès ouvriers. A ce titre il intéresse tout critique de Louis Blanc.

*Programme du Congrès général des
ouvriers Suisses*

I

Le parti démocratique-socialiste, en Suisse,
se propose comme but de garantir les intérêts du peuple travailleur et de leur donner
satisfaction sous tous les rapports. Il est convaincu que l'affranchissement de la classe
ouvrière ne peut être obtenue que par la
classe ouvrière elle-même.

II

La lutte pour l'affranchissement de la
classe ouvrière n'est pas une lutte pour des
priviléges en faveur d'une classe, mais pour

l'égalité des droits et des devoirs, et pour la suppression de toute domination de classe.

III

La dépendance économique du travailleur vis-à-vis du capitaliste constitue la base de l'esclavage, sous quelque forme que ce soit ; par conséquent, le parti démocrate-socialiste se propose d'obtenir, par la suppression du mode actuel de la production (système du salaire), le produit entier de son travai pour chaque travailleur.

IV

La liberté politique est la condition première et indispensable pour l'affranchissement économique des classes ouvrières. La question sociale est, par conséquent, inséparable de la question politique ; la solution de la première dépend de celle de la seconde et n'est possible que dans l'état démocratique.

V

Considérant que l'affranchissement politique et économique de la classe ouvrière n'est possible que si celle-ci conduit le combat avec franchise et unité, le parti démocratique-socialiste, en Suisse, se donne une organisation unitaire, mais permettant à chacun en même temps de faire valoir son influence particulière pour le bien de la communauté.

VI.

Considérant que l'affranchissement du travail n'est pas une tâche *locale* ni *nationale*, mais *sociale*, qui embrasse tous les pays dans lesquels il existe une société moderne, le parti démocratique-socialiste en Suisse se rattache à la société internationale des travailleurs.

VII

Sont formulés les points suivants, comme premières exigences à faire valoir dans l'agitation conduite par le parti démocratique-socialiste :

1° Un droit de bourgeoisie suisse général.

L'assistance des pauvres attribuée aux communes d'habitants, l'État devant toujours en combler les déficits.

2° La législation directe par le peuple dans la Confédération, l'initiative populaire par vingt mille citoyens. Dans les votations populaires, la majorité absolue des votants par *oui* et par *non* tranchant les questions. Suppression du conseil des États et du vote distinct des cantons comme États.

3° L'école populaire obligatoire et gratuite jusqu'à quatorze ans écoulés, et l'interdiction du travail des enfants dans les fabriques jusqu'à cet âge.

4° La séparation de l'Église et de l'État, ainsi que de l'école et de l'Église.

5° La suppression de tous les impôts indirects et l'introduction de l'impôt direct, progressif, sur le revenu et les successions.

6° Inventorisation générale et patriotique des fortunes, ainsi qu'à chaque décès. Allé-

gement des impôts pour les pères de famille.

7° L'abrogation de toutes les entraves inu-
tiles apportées au droit du mariage. Centra-
lisation de toute la législation civile et générale. Constitution de jurys spéciaux, en particulier pour les contestations entre ouvriers
et patrons.

8° L'introduction d'une journée normale
de travail.

9° Une sévère surveillance de tous les lo-
caux affectés au travail, aussi bien au point
de vue de la police sanitaire qu'à celui des
mesures préservatives contre les accidents.
Institution d'inspecteurs des fabriques payés
et indépendants. Suppression de toute déduction de salaire par voie d'amende. Organisation d'une statistique officielle sur la situation des classes ouvrières.

10° La liberté *absolue* de la presse, de réu-
nion, d'association et de coalition.

11° Crédit ouvert auprès de l'État aux associations avec responsabilité solidaire ; à cet effet, établissement d'une banque nationale suisse, avec monopole de l'émission des billets de banque.

12° Le rachat et l'exploitation des chemins de fer par la Confédération, dans ce sens que tous les moyens de circulation doivent être la propriété de l'État, et que celui-ci ne doit laisser exploiter les particuliers par aucun monopole.

13° La confédération supporte entièrement les frais d'habillement, d'armement et d'équipement ; solde suffisante ; suppression des écoles d'aspirants.

Les modifications suivantes ont été proposées par l'article VII.

1° Transformation de toutes les propriétés foncières des communes en propriétés de Confédération, et mise à la charge de la Confédération de l'assistance générale des indigents.

2° Suppression de toutes les constitutions cantonales; lois générales et uniques; introduction de l'urne pour les votations et élections, celles-ci ne pouvant avoir lieu que le dimanche; suppression de toutes les lois qui restreignent les droits civils des faillis et assistés.

3° Suppression du budget des cultes et sécularisation de tous les biens ecclésiastiques au profit de la dette de l'État.

4° Introduction du mariage civil obligatoire. Élection directe par le peuple de tous les juges et jurés, et justice gratuite.

5° Limitation du travail des femmes.

6° Cours gratuits pour les officiers; élection directe de tous les chefs, jusqu'au grade de capitaine inclusivement.

Louis Blanc ne saurait approuver la prétention qu'énoncent les ouvriers républicains de la Suisse, d'accomplir l'affranchissement des ouvriers par le seul effort de la classe ouvrière. C'est un non-sens ; toutes les classes sont solidaires dans une nation.

La classe ouvrière est plus éclairée en Suisse qu'en France, mais ses lumières ne rayonnent pas au-delà d'un cercle fort restreint.

La classe ouvrière a pour elle le nombre : le nombre n'est rien, la science est tout.

Il n'y a pas de vérité, ni de force en dehors de la science.

La suppression de la propriété foncière individuelle est non moins impolitique, non moins immorale que la domination de la classe ouvrière.

Une nation ne se compose pas seulement d'ouvriers.

Louis Blanc veut, sans les arrière-pensées du programme suisse, le concours de tous à la chose publique et l'affranchissement de l'individu, capitaliste ou travailleur, propriétaire ou locataire : il est trop historien pour accepter dans son programme un retour à la concentration de la propriété dans les mains de l'État.

L'État communiste est le plus dangereux ennemi de l'émancipation individuelle.

C'est par la terre que le paysan s'émancipe. C'est le paysan émancipé qui nourrit le mieux la nation.

L'idéal des ouvriers suisses n'a rien qui puisse séduire les hommes d'État.

S'il venait à se réaliser, les classes laborieuses n'auraient secoué un joug que pour retomber sous un autre plus dur, plus implacable : celui de l'État communiste.

Dans ce programme, Louis Blanc signerait toutes les mesures qui affranchissent ; il bifferait toutes celles qui asservissent, sous prétexte d'émanciper, et toutes celles qui tendent à favoriser une classe particulière de citoyens, quel qu'en puisse être le nombre, au détriment des autres citoyens.

Il n'y a pas de droit contre le droit.

Mais il approuverait sans doute cette doctrine : la République est le gouvernement des réformes économiques et sociales.

La politique de Gambetta

Gambetta ne repousse pas les réformes économiques et sociales. Il ne fait pas de la république uniquement une forme de gouvernement propre à les réaliser.

Il veut la république radicale, et non pas la république formaliste.

Au-dessus des réformes économiques et sociales il place l'existence même de la patrie.

La monarchie compromettrait cette existence ; il la combat de toute l'ardeur de ses convictions et de son tempérament.

Tout ce qui menace la régénération de la France : priviléges, monopoles, clergé, noblesse, bourgeoisie cléricale ou nobiliaire, bonapartistes, légitimistes, orléanistes, avidités princières ou courtisanes, il foule tout aux pieds de la République.

Pour lui, le salut du pays c'est la République.

Et le plus cruel ennemi de la république, ce n'est pas le Prussien, ni le noble, ni le prêtre, ni le bourgeois monarchique :

Le plus cruel ennemi de la république, c'est l'ignorance.

Instruire le peuple et l'armer, voilà ce qu'il veut d'abord.

Le peuple éclairé, sachant manier le fusil, la sape et le canon, possédant l'arme de la pensée et celle du combat, c'est le salut au dedans et la revanche au dehors.

Le fléau de la République, la cause première de tous nos désastres, c'est la masse des illettrés.

Ils sont quatorze millions en France, livrés à la domination et des prêtres, et des nobles, et des bourgeois moins soucieux de la patrie que de leurs intérêts personnels.

Il y a des prêtres patriotes : c'est le petit nombre. Leur serment professionnel les détache de la France pour les enchaîner au prêtre-roi de Rome.

Se délier de Rome pour se rattacher à la France, c'est faillir au serment sacerdotal.

Le prêtre ne peut être Français qu'au prix d'un parjure.

L'on a vu des nobles, des bourgeois et des prêtres servir la cause nationale de leur parole, de leur plume, de leur épée — et par cause nationale, il faut entendre aujourd'hui la cause républicaine ; la France *monarchique*, ce serait la France anéantie par la guerre civile.—

Mais ces nobles remontaient à la signature de leurs aïeux, sans particule, sans autre réclame que leur propre talent, leurs vertus quand ils en avaient.

Mais ces bourgeois voulaient la bourgeoisie pour tous, et ne tendaient pas au peuple une main machiavélique, ou soldée, ou rancunière, ou gantée d'une main par le prêtre et de l'autre par le gendarme.

Mais ces prêtres, ces nobles, ces bourgeois se refaisaient peuple par la conscience, par le talent et par la vertu ; ils brisaient les entraves de caste et dédaignaient les profits professionnels ou royalistes pour retourner aux principes de toute vertu nationale : le patriotisme.

En général, les nobles, les prêtres, les parvenus veulent des priviléges, et recherchent les illettrés pour les tromper et les détourner des principes républicains: la république ne reconnaît ni nobles, ni prêtres, ni parvenus, ni bourgeois, ni travailleurs, ni riches, ni pauvres; elle ne connaît que des citoyens soumis aux mêmes lois, ayant les mêmes droits et les mêmes devoirs vis-à-vis de la patrie, également libres, également responsables.

C'est pour assurer cette liberté de tous, cette responsabilité de tous, que Gambetta place en tête de son programme:

Instruire le peuple.

Il ajoute simplement, armer le peuple.

En effet, instruire le peuple, c'est lui apprendre ses droits, ses devoirs ; c'est l'arracher à la crainte, à l'espérance, à la résignation, à l'amour, frère de la haine, à la royauté que lui enseigne le prêtre.

C'est proclamer l'indépendance du maître d'école, c'est en faire un magistrat.

C'est remettre le prêtre à la place qui lui lui appartient : à l'Église.

C'est replacer la liberté au seul trône qui lui appartienne aujourd'hui : au tribunal de l'histoire.

Prêtres et royalistes invoquent la liberté pour se maintenir dans les écoles.

Depuis quel temps la liberté du prêtre et celle des royalistes a-t-elle le droit de détruire la liberté du citoyen et celle de l'État ?

Depuis quel temps les conscrits de l'ignorance et des ténèbres ne sont-ils plus soumis à la conscription de la lumière et de la science ?

Depuis quel temps le père de famille a-t-il le droit de nier ou d'éluder le droit de l'État?

Depuis quel temps le prêtre, fonctionnaire salarié par l'État, a-t-il le droit de diriger, sans mandat régulier, l'éducation de la jeunesse?

De quel droit son intervention dans l'école?

Le droit de la morale?

Sa morale est matérialiste et royaliste.

Comme les matérialistes, il n'enseigne que la crainte, l'espérance, l'amour et la haine, la *passion*.

Il nie la conscience.

Car la conscience, c'est la voix du devoir et du droit sans l'inspiration passionnée du prêtre.

Le droit de la liberté?

La liberté de l'erreur et du royalisme, voilà la liberté qu'il ose réclamer.

Et il unit à cette revendication celle des pères de famille qu'il a séduits ou trompés.

Comme si le père avait le droit d'infester d'erreurs et de préjugés et de royalistes doctrines l'esprit de son enfant, futur citoyen d'une république!

Armer le Peuple

C'est le principe de la nation *armée* qui a préparé la victoire de la Prusse, plus efficacement que les régiments d'espions, les canons Krupp, la géographie et les surprises.

La nation armée, c'est la revanche assurée, prochaine; et c'est la revanche républicaine.

Nobles, prêtres, parvenus, royalistes de toute courtisanerie, de toute servile espérance, de toute fortune ébranlée ne veulent pas de cette revanche par la république.

Ce serait l'évidente condamnation de la royauté.

D'autre part, le peuple armé, c'est le peuple soumis à la discipline de l'État, à la responsabilité du fusil qu'il tiendrait de l'État; ce serait l'émancipation du peuple.

Le peuple instruit, le peuple armé, ce serait le peuple émancipé !

Une lacune.

Comment, avec son esprit si clairvoyant, Gambetta n'a-t-il pas ajouté : organiser les services publics ?

Tous les ministères sont en plein désarroi, en pleines traditions de sinécure, en politique désorganisation.

Il semble que l'on veuille, dans tous les ministères, laisser toutes les affaires en suspens.

Finances : Où sont les comptes-rendus publics, au moins bi-mensuels, que la République doit exiger de ses financiers ?

Intérieur : Sommes-nous mieux informés, dans la République, de la situation commerciale, industrielle, agricole, morale et municipale des communes et des départements ?

Instruction publique : Nous sommes à la veille de la rentrée des écoles. Va-t-on suivre, comme par le passé monarchique, des programmes anti-républicains, anti-scientifiques, anti-français ? Va-t-on toujours enseigner le style, et non pas la pensée ; la forme, et non pas le fond ; l'élégance et la légèreté, non pas la solidité et le raisonnement ; l'histoire des Juifs, et non pas l'histoire des Français ; l'histoire de Pharamond et de Clovis, non pas l'histoire de la Révolution et des institutions républicaines ?

Y apprendra-t-on la gymnastique et les évolutions militaires ?

Empêchera-t-on le vagabondage des enfants avant et après l'école ?

Parquera-t-on les enfants, durant des séries d'heures, dans une chambre nauséabonde et ennuyeuse ?

Songera-t-on que l'enfant doit vivre de la vie physique autant que de la vie intellectuelle et morale ?

Lui enseignera-t-on ce qu'il a besoin de savoir pour devenir un commerçant, un industriel, un agriculteur, un homme utile, indépendant, un citoyen ?

Pourra-t-on lui dire, au moment où il quittera, l'école : va dans la vie. Si tu restes pauvre, n'accuse ni l'école, ni la société, ni la République.

N'accuse que tes vices et ta paresse.

Connaîtra-t-il ses devoirs et ses droits d'individu, de famille, de soldat, de citoyen?

Pour tout résumer en trois lignes: Y a-t-il encore, dans les ministères, autant d'employés ne faisant rien, parce qu'ils n'ont rien à faire? Y épargne-t-on le temps, les courses et les intérêts du public? Chaque ministère nous rend-il des comptes? Enseigne-t-on à la jeunesse tout ce qu'elle doit savoir?

Ne fallait-il pas prendre pour programme:

Instruire et armer le peuple; organiser les services publics?

Parallèle des deux Républiques

La république formaliste a des vues plus
hautes et plus lointaines; elle regarde la société présente comme une matière intellectuelle et morale qu'elle doit transformer.

Le but est pour elle plus social que républicain. Le gouvernement devient entre ses
mains la forme, le moule dans lequel doit
être mis la nation pour prendre, sous l'action
persévérante des lois républicaines, des
mœurs nouvelles et durables.

L'on pourrait appeler ce gouvernement
une méthode, et le définir: la méthode historique.

En effet, ce n'est point à coups de violences
que l'on précipite la transformation d'un
peuple : le temps et la méthode agissent plus
sûrement.

La république radicale considère l'état du
pays: elle voit d'un côté le Prussien, soumis
dès l'enfance à l'obligation de l'instruction et

saignant la France avec l'intelligence d'un lettré ;

De l'autre, elle voit une masse d'illettrés qui ne pouvaient que mourir bravement dans la lutte contre des lettrés, et servir grossièrement, peut-être monarchiquement la patrie.

Alors, elle crie à la France : il s'agit bien de prendre la république pour moyen de transformation sociale plus ou moins lointaines. Ce qu'il nous faut, c'est la transformation immédiate, sinon soudaine, par l'instruction et par l'éducation.

Des livres et un fusil, voilà ce qu'il faut donner au peuple ! Contre l'ennemi du dehors, le fusil ; et contre l'ennemi du dedans, le livre.

Couvrez le pays d'écoles ; donnez à l'enfant pour récréations la gymnastique et les évolutions militaires ; apprenez-lui à camper, à supporter les marches proportionnellement à son âge, la faim, la soif, la poussière, le froid, le chaud ; à ne point trembler devant le péril, à aimer la vie, à mépriser la mort ; faites des citoyens, et non point des domestiques de la crainte ou de la vanité et de la

gouaillerie; alors, vous serez la nation pré-
parée à de grandes choses, et surtout à la
solution des questions sociales.

La république radicale élève la question
nationale au-dessus de la question sociale;
elle veut mettre immédiatement au service
de la patrie affaiblie et sanglante toutes les
forces, toutes les volontés, et surtout ces forces vierges, puissantes, cachées, étouffées
dans les âmes des illettrés.

Elle a un but facile à voir, facile à at-
teindre; la simplicité même du programme
est faite pour séduire.

Il n'y a pas un Français patriote qui ne
répète après Gambetta: il faut instruire et
armer la nation.

Ce n'est pas à dire que la république radicale néglige ou dédaigne la question sociale; mais, comme l'a dit un homme d'État
anglais: « ce ne sont pas seulement les institutions libres qui font les hommes libres : ce
sont les caractères. »

Or, il n'y a point de caractère sans intelligence, sans lumière dans la pensée et dans
la volonté.

Cette différence entre la république for-

maliste et la république radicale nous montre
pourquoi, durant la Commune, Louis Blanc
était à l'Assemblée de Versailles, pendant
que Gambetta était à Saint-Sébastien.

Louis Blanc surveillait à Versailles la marche de la question sociale.

Gambetta, du rivage de Saint-Sébastien,
regardait la Commune armer tous les citoyens
de Paris : si un accord intervenait entre l'Hô-
tel-de-Ville et Versailles, la nation avait sous
sa [main une armée de trois cent mille hommes rompus aux fatigues et dont un grand
nombre avaient déjà vu l'ennemi.

Des deux républiques, laquelle triomphera
finalement dans l'assemblée de Versailles,
ou dans celle qui lui succédera ?

Ici, quelques considérations deviennent
nécessaires.

La France et les Gouvernements

La grande nation qui s'appelle la France est en mal de révolution depuis 1789.

Elle a demandé successivement sa délivrance à la république, au directoire, au consulat, à l'empire, à la royauté, de nouveau à la république, de nouveau à l'empire : elle la demande pour la troisième fois à la république. Ce dernier gouvernement lui paraît être le seul capable d'établir, entre toutes les forces sociales, un équilibre définitif.

La république une fois sérieusement organisée, son état normal établi, il ne peut plus exister de révolte, ni même de protestation loyale.

Révolution veut dire mouvement sur soi-même pour trouver son équilibre.

Chaque fois que la France fait un mouvement sur elle-même, naturellement elle renverse le système dans lequel elle se trouvait mal à l'aise.

Les systèmes tombés gémissent, outragent, attendent, espérant se relever par l'insuccès du système nouveau ou réinstallé.

Les intérêts déchus ou déçus, les passions de jeunesse, les préjugés opiniâtres, les illusions, les promesses, les serments passés, les dévouements traditionnels, les convictions ou les partis pris entretiennent le zèle des partisans honnêtes de chaque système.

Le zèle vénal se paye comptant et confidentiellement; la vénalité impudente s'offre et s'affiche.

Tous les systèmes politiques trouvent ainsi des critiques ou des panégyristes attitrés.

Les princes ne renoncent pas aisément aux profits du pouvoir, aux charmes de la liste civile, aux adulations des courtisans.

De là vient cette variété des hommes politiques.

Les hommes politiques

Les uns appartiennent aux futures restaurations, dont ils espèrent obtenir des places, de l'argent ou des honneurs : ceux-là observent, et dénigrent ou conspirent.

Les autres appartiennent au pouvoir du moment : ceux-là observent aussi, dénigrent aussi leurs adversaires, et s'entendent pour sauvegarder ou prolonger leurs jouissances éphémères.

D'autres, enfin, s'élèvent au-dessus des espérances du passé, au-dessus des séductions du présent : gardiens austères de l'avenir, ils cherchent dans la science la solution du problème social.

Tels sont Louis Blanc et Gambetta.

A leur suite et à côté d'eux, se presse toute une élite de républicains dévoués, convaincus, incorruptibles.

Avant la révolution du 4 septembre, ils ont eu vingt-deux années de méditations et de cruelles douleurs. Alors qu'on cherchait le calme dans l'oppression, et l'ordre dans le déchaînement des appétits matériels ; alors qu'on étouffait pour empêcher de crier, ou qu'on abaissait les âmes dans l'égalité de la servitude, ils songeaient à la régénération de la patrie. Ils répandaient autour d'eux les pensées qui relèvent, les éléments de la morale qui arrête les débordements de l'intérêt ; ils disaient hautement nos espérances de régénération nationale. Et surtout ils demandaient à la science des enseignements pour préparer l'avenir.

Il y a dans tout homme une force que jamais aucun despotisme n'a pu vaincre : je veux dire la révolte de la conscience, du droit, du patriotisme.

Cette force-là les a soutenus dans leurs efforts : voilà comment ils ont pu méditer et travailler pendant que la France était sous le joug.

La République a trouvé ainsi, au lendemain du 4 septembre, des hommes capables d'organiser la lutte nationale contre l'invasion : ils n'avaient point travaillé stérilement ! Mais la tâche n'est point achevée.

La loi des Sociétés

La société, sous tous les climats et dans tous les siècles, est l'ensemble des rapports qui unissent les hommes d'une même nation.

Dans les sociétés peu civilisées, ces rapports sont déterminés par la force brutale et par la superstition; la crainte et l'obéissance passive aux ordres d'un chef y règlent les actions et les intérêts.

Plus un homme est fort, plus il inspire de crainte et d'obéissance; plus il est puissant.

La richesse est aussi une puissance; plus un homme a de terres ou d'argent, plus il tient entre ses mains la satisfaction des besoins d'autrui.

C'est pourquoi l'histoire nous présente partout l'alliance intime de la force, de la superstition et de la richesse. L'une appelle les autres.

La force protège la superstition et la richesse qui, en retour, partagent leurs jouissances avec la force.

Tous les conquérants ont été des hommes de violence et de débauche, parce qu'ils cumulaient la force et la richesse sous les auspices de la superstition.

A mesure que la civilisation se développe, les conquérants disparaissent. Il en est des conquérants comme des animaux carnassiers: ils fuient la lumière.

La lumière qui met en fuite les conquérants est celle de la conscience des peuples et de la science.

Dès que la force brutale et l'obéissance passive ne sont plus là pour opprimer les âmes, les rapports qui unissaient les hommes de la même nation changent de caractère. Le peuple, au lieu d'être un immense troupeau tondu par ou pour la force brutale et la superstition, devient une puissante association de forces et de richesses au service des intérêts communs.

La force devient le privilége du plus honnête et du plus instruit; la richesse tend à se répartir entre tous les membres de la société proportionnellement au mérite et au travail de chacun ; et la superstition disparaît.

La force brutale, la superstition et l'obéissance passive étant parties ou chassées, la richesse devenant accessible au plus pauvre, comme la force au plus faible, la civilisation peut entrer définitivement dans la société.

Nous n'en avons pas encore fini avec la force brutale, avec la superstition, avec l'obéissance passive.

Qu'est-ce qu'une Société civilisée?

Une société civilisée est une association d'efforts vers le bien-être physique, intellectuel et moral de tous ses membres, sous la direction exclusive de la science et de la conscience, sous la protection du suffrage universel.

Tous les rapports qui peuvent exister entre les membres d'une même société s'établissent au nom de l'utile, du vrai, du bien, du beau.

La science formule les lois de l'utile, du vrai, du bien, du beau.

Elle rejette ainsi de la société l'arbitraire et le préjugé, débris tenaces de la force brutale et de l'ignorance.

C'est de l'ignorance et de l'arbitraire que naissent tous les maux, tous les désastres de la société, toutes les crises politiques.

La permanence du bien-être et de la prospérité obéit à des lois: ni le hasard ni la fantaisie ne créent la permanence.

La science peut seule ici-bas créer des lois: c'est donc à elle qu'il faut demander la puissance de nous établir dans le bien-être et dans la prospérité.

Commençons par refuser notre concours à tout acte qui est contraire à la loi scientifique ou morale.

Demandons à l'expérience et à la raison, à la méthode d'induction et de déduction les principes de nos actes politiques.

Observons les faits qui, chaque jour, se passent dans la vie sociale ; comparons-les ; des rapports et des différences formons des groupes ; classons et généralisons.

Ajoutons à ces généralisations les vérités premières de la conscience, et nous donnerons pour base à la science sociale la certitude scientifique.

Les sciences physiques et naturelles tiennent leurs lois de l'induction : personne ne contredit ces sciences.

Les mathématiques doivent leurs axiomes à la conscience : personne n'attaque l'autorité des mathématiques.

Du jour où, par la méthode d'induction, la science sociale aura la valeur des sciences physiques et naturelles; du jour où, par la méthode de déduction, elle aura l'autorité des mathématiques, nous n'aurons plus qu'à conformer la société à la science.

Ce sera l'affaire du suffrage universel.

Quelques principes.

La méthode inductive nous a donné déjà cette loi historique: aux mêmes effets correspondent les mêmes causes.

La méthode déductive nous montre l'unité de la morale: toute âme suffisamment développée perçoit fatalement en elle-même l'idée du devoir et, par conséquent, du droit.

La morale universelle, la loi historique: voilà les deux bases inamovibles de la science sociale.

Il n'y a pas deux morales: pas plus qu'il n'y a deux arithmétiques.

Deux et deux font quatre dans tous les pays du monde ; la conscience réfléchie y parle le même langage du devoir et du droit.

Toute iniquité sociale vient de la violation générale d'un devoir ou de la négligence d'un droit.

Toute question sociale a sa solution dans la pratique du devoir et du droit.

L'état social est à l'abri de toute révolution, lorsqu'il offre à toutes les manifestations légitimes de l'activité physique, intellectuelle et morale, la liberté, sans autres limites que la liberté d'autrui.

Les manifestations légitimes sont celles qui se conforment à la science et à la conscience.

Appliquer les principes de la morale et de l'économie: voilà toute la science du gouvernement des nations.

Ces principes sont communs à la république formaliste et à la république radicale.

Ce que fera la République

L'activité de l'homme ne peut s'appliquer qu'à l'utile, au bien, au vrai, au beau.

La République, formaliste ou radicale, nous ouvrira la carrière de l'utile, du bien, du vrai, du beau.

L'homme a des devoirs et des droits comme individu, comme membre d'une famille, comme citoyen, comme membre de l'humanité. La république nous assurera l'exercice de nos droits et de nos devoirs.

Ces devoirs et ces droits s'imposent à tout citoyen ; la république lui en garantira la pratique facile.

C'est à la science sociale de mettre d'abord en lumière cette intervention perpétuelle de la morale dans la société, et d'établir sur la base inébranlable du devoir et du droit tous les rapports sociaux, toutes les lois écomiques.

Il en résultera la paix sociale, soit par la république formaliste, soit par la république radicale ;

Soit par Louis Blanc,
Soit par Gambetta.

Mais que fait aujourd'hui la République ?

La Situation.

Ce que fait la République?

« Vous, monarchistes et vous républicains, non, vous ne serez trompés ni les uns ni les autres. »

Cette promesse de M. Thiers équivaut à celle de faire sonner à l'horloge gouvernementale en même temps *minuit* et *midi*.

Il a dit spirituellement « une république sans républicains, » et comme sous-entendu, « une monarchie sans monarchistes. »

Ni la république, ni la monarchie.

Dans ces conditions, comment la République peut-elle faire ses preuves, effacer le passé, vaincre les défiances, prouver au pays qu'elle est capable de lui donner l'ordre, la paix, la sécurité des intérêts, des consciences ; en un mot, la vraie liberté ?

L'on enchaîne la République, on lui rive des entraves : puis l'on s'écrie en chœur de bonapartistes, de légitimistes et d'orléanistes :

regardez, électeurs : la République ne marche pas !

Le passé s'attache au présent, pour l'empêcher d'aller à l'avenir : Voyez ! le présent n'avance pas.

L'on sème de faux bruits, l'on propage des alarmes, chaque jour, chaque heure, dans toutes les feuilles fédérées des royalistes : Électeurs, nous ne pouvons pas vivre dans une perpétuelle inquiétude !

L'on répand la défiance : la République ne pourra pas payer les Prussiens ! elle va augmenter les impôts ! elle coûtera plus cher qu'une monarchie.

L'on demande que la République fasse ses preuves et qu'elle garantisse l'ordre, la paix, la sécurité des intérêts : en même temps, l'on trouble les esprits par des nouvelles à sensation télégraphiées des quatre coins de la France et de l'Europe, et de l'Algérie et du monde entier ; l'on annonce de mauvaises récoltes, l'on prédit, l'on provoque le renchérissement des denrées ; volontiers l'on annoncerait la disparition prochaine du soleil.

Quant aux consciences, on ne manque pas de les troubler par des récits fantastiques :

le roman jette cent mille horreurs sur des héros qui ne furent jamais républicains ; et ce n'est pas faute d'entreprises monarchiques, si l'on ne confond pas dans la même exécration les communeux et les républicains.

Malgré toutes ces intrigues, en dépit de ces entraves et de toutes ces calomnies, la République subit victorieusement toutes ses épreuves.

Elle a triomphé d'une insurrection qui a rendu les émeutes impossibles contre la république, par sa défaite et par ses crimes.

Elle a trouvé une masse compacte de capitaux, par milliards, pour payer les Prussiens : son crédit est incontestable.

Elle seule peut supporter le poids des dettes monarchiques et y faire honneur, au nom de la France, par l'économie, par la reconnaissance des droits du travail, par la paix intérieure et par l'ordre public, par le développement de l'instruction et de l'éducation nationales.

Les élections du **2** juillet ont mis en lumière les progrès de la république dans la confiance nationale, malgré la fédération de toutes les forces monarchistes.

Le succès triomphal de l'emprunt a prouvé la foi de l'industrie, du commerce, de la rente et des capitaux dans la vitalité de cette république, à laquelle on n'a donné jusqu'à présent qu'une existence provisoire. Mais elle passera de cette vie provisoire à l'existence définitive : toutes les forces sociales se sentent chaque jour plus solidaires : chaque journée de la droite de Versailles rapproche l'avénement de la république formaliste ou l'avénement de la républiqne radicale.

La France n'hésite plus entre la perspective d'une révolution pour une restauration monarchique et la paix par la république.

Elle s'interroge, elle examine les avantages de l'une et de l'autre république. Le Plan-Trochu de l'assemblée lui en donne le loisir.

Quels seront les résultats de cet examen ?

Les élections prochaines le proclameront.

En attendant, l'Europe suit de point en point les progrès de la république en France : le réveil des peuples, c'est la terreur des souverains.

L'Europe

L'Europe est entre les mains de quelques familles princières qui appuient leur pouvoir sur des traditions, et sur des armées permanentes.

La paix armée, c'est la guerre toujours imminente : un souverain ne peut rester fort et respecté, s'il ne retrempe de temps en temps sa puissance dans le sang.

Les peuples commencent à s'apercevoir qu'ils prodiguent leur or et leur sang pour des triomphes monarchiques : plus un souverain remporte de victoires, plus il consolide le joug de ses peuples.

La puissance des castes nobiliaires et sacerdotales va s'affaiblissant partout : partout l'obéissance passive et le respect des traditions font place à l'esprit d'examen et à la déclaration des droits.

L'on commence à ne plus accepter de devoirs sans droits.

La science a éveillé la conscience.

L'anniversaire de la révolution française approche : il sera fêté par la révolution européenne.

L'association internationale des travailleurs en est le prélude.

La République française en sera le modèle : exemple de concorde et d'équilibre entre les forces sociales.

Les souverains l'ont compris : ils se recherchent, ils se visitent, ils s'entretiennent, ils font des pactes secrets : vaines précautions.

La lutte ne sera pas longue entre les intérêts des monarques et les intérêts des peuples.

La Prusse

La Prusse a recréé l'unité de l'Allemagne à son profit : elle a envahi, démembré, et ruiné métodiquement la France pour quelques années.

Mais elle est encore féodale : la noblesse y tient tous les grades militaires.

Elle n'a fait que mieux préparer la révolution et la république en Allemagne.

Avant que la révolution fût possible en Allemagne, il fallait l'unité allemande.

Sans Richelieu et l'unification française, la révolution de 1789 eût été retardée de cinquante ans.

C'est par la comparaison que les différences éclatent, et que le nivellement social devient une nécessité.

M. de Bismark l'a bien compris : il hâte l'évacuation de ses troupes avec une fébrile et secrète anxiété.

La comparaison n'était pas possible avant l'unité allemande et ses succès militaires.

L'on n'aurait eu que des révolutions partielles; on les eût étouffées aisément.

L'on n'étouffera point une révolution générale, qui s'appellera la révolution allemande, et bientôt après la Républiqus germanique.

Déjà la Prusse s'aperçoit qu'en renversant l'Empire, elle a ébranlé le trône de son roi-empereur.

En faisant la guerre à la *nation française*, après avoir habilement proclamé qu'elle ne venait combattre que Napoléon, en livrant à la brutalité de ses soldats le foyer des habitants de nos provinces, elle a démoralisé son armée, et mis au cœur de la nation française une haine patriotique.

La Prusse retrouvera dans sa prochaine révolution la violence de ses soldats et les haines qu'elles a fomentées.

Une alliance entre l'Allemagne et la France pouvait assurer le repos de l'Europe pour longtemps.

La Prusse n'aura remporté de France que des milliards, la guerre sociale, la révolution et la république.

L'Angleterre

L'Angleterre est dans une situation analogue à celle de la Prusse.

Elle aussi doit s'attendre à une révolution : ses castes aristocratiques disparaîtront comme celles de la Prusse, devant le nivellement démocratique.

Il est possible que la révolution y soit moins violente qu'en Allemagne : l'aristocratie anglaise est accommodante, lorsque le peuple *veut*.

Mais l'Irlande n'attend que l'heure propice d'une révolution sans merci.

L'Angleterre s'est réjouie publiquement de nos désastres — bientôt après, elle signait, à Londres même, une convention qui lui retirait tout le fruit de la guerre de Crimée.

Elle a oublié que la Grande-Bretagne sans la France n'a plus d'armée : l'Allemagne ne sera plus à sa solde, comme autrefois.

Sa politique imprévoyante hâtera l'heure des revendications révolutionnaires et coloniales.

Les autres Puissances

L'Italie, comme l'Allemagne, a fait son unité.

Elle a Rome pour capitale.

C'est une révolution incomplète qui s'achèvera.

L'Espagne attend des écoles et des hommes d'État pour savoir ce qu'elle veut : les classes laborieuses marchent d'instinct vers une révolution nouvelle, sous la direction de l'Internationale.

L'Autriche, caressée par la Prusse, craint pour ses possessions allemandes ; le Tyrol italien n'est guère autrichien ; la Hongrie aspire à l'autonomie.

La Russie a recouvré le droit d'entrer dans la mer Noire en saluant Constantinople de ses espérances inassouvies. Mais la révolution couve à Saint-Pétersbourg comme à Berlin.

Le Danemark songe à ses provinces perdues.

La Suéde et la Norwège ne sortent guère de leurs affaires privées, tant que la Russie et la Prusse ne menacent pas directement leur pays.

En ce moment, la Prusse est la seule puissance qui, malgré les ferments de sa révolution intérieure, puisse être aggressive : malgré nos milliards, la Prusse est pauvre.

Le chiffre des émigrations allemandes l'indique assez ; il lui faut une colonie, une marine.

Pourquoi ne rêverait-elle pas d'arracher aux Anglais l'empire des Indes ? Deux cent mille hommes y suffiraient.

Elle est allée entretenir de paix européenne l'Autriche, la Russie, et l'Italie.

Donc elle médite la guerre, en attendant la revanche de la France.

Une nouvelle guerre peut seule retarder la révolution allemande.

M. de Bismark, au nom de la paix à l'intérieur, fera la guerre à l'extérieur.

Pour l'Allemagne aussi, l'Empire c'est la paix — puis la République.

La Suisse, l'Amérique

La Prusse entrera bientôt en campagne.
Contre qui?

La République française a deux alliés naturels : la Suisse et les États-Unis d'Amé-
rique.

Une alliance offensive et défensive avec
la république américaine changerait la face
des choses en Europe.

CONCLUSION

La Révolution du 4 septembre nous a donné la République.

Le plan-Trochu a fait échouer dans une glorieuse résistance, mais dans un succès prussien, la défense de Paris : la République n'en a pas été ébranlée.

L'Assemblée de Bordeaux a eu son plan-Trochu : comme le gouverneur de Paris, elle s'est enfermée dans une action en quelque sorte inerte, embarrassante, anti-républicaine : la République a montré sa vitalité par la grandeur de son crédit, par la défaite d'une insurrection qui allait devenir une révolution cosmopolite, par les progrès de l'idée républicaine à travers les entraves les plus habilement ourdies.

Ces progrès mettent aujourd'hui la France en face de deux républiques :

La république formaliste,
La république radicale :
     Louis Blanc,
     Gambetta.

La république formaliste considère le gouvernement républicain comme la forme la plus apte à la réformation des mœurs et de la société.

Le temps respecte tout ce qu'il fait : c'est du temps et du gouvernement républicain que Louis Blanc veut faire sortir la régénération de la France.

La république radicale est plus pressée d'agir.

C'est du gouvernement républicain, de l'instruction immédiate et de l'armement des masses que Gambetta veut faire jaillir la régénération nationale.

Il se souvient de ces paroles de Mirabeau :

« Croyons que, si l'on excepte les acci-

» dents, suites inévitables de l'ordre général,
» il n'y a de mal sur la terre que parce qu'il
» y a des erreurs; que le jour où les lumières
» et la morale avec elles pénétreront dans les
» diverses classes de la société, les âmes fai-
» bles auront du courage par prudence; les
» ambitieux des mœurs par intérêt; les puis-
» sants de la modération par prévoyance; les
» riches de la bienfaisance par calcul, et
» qu'ainsi l'instruction diminuera tôt ou tard,
» mais infailliblement, les maux de l'espèce
» humaine, jusqu'à rendre sa condition la
» plus douce dont soient susceptibles des êtres
» périssables. »

En effet, l'instruction appliquée d'urgence
à cette masse de quatorze millions d'illettrés,
qui sont le seul espoir de la réaction monar-
chiste, peut hâter la marche des temps et
précipiter la régénération nationale.

La république radicale est plus active, plus
militante, plus française.

Elle s'inquiète moins de l'idée sociale que
du prompt relèvement de la France: du développement physique par les exercices militaires, du développement intellectuel et

moral par l'instruction, naîtront la régénération des corps et l'aptitude des âmes aux réformes sociales.

La souplesse et l'ardeur du génie national, la volonté universelle de régénérer la France, se prêtent également aux deux systèmes de république.

L'une et l'autre trouveraient également leur raison d'être dans l'état de la France et de l'Assemblée nationale.

C'est du dehors que viendra la solution de ce problème républicain : l'état révolutionnaire dans lequel s'agitent intérieurement toutes les puissances de l'Europe ne peut tarder à changer la situation politique du continent européen.

L'alliance de la république des États-Unis avec la République française peut maintenir la France dans la paix, au milieu des prochaines agitations de l'Europe : cette alliance peut nous donner le temps de chercher dans la république formaliste la constitution définitive de l'avenir.

La république expectante de M. Thiers sera-t-elle remplacée par la république formaliste de Louis Blanc ou par la république radicale de Gambetta, c'est ce que va décider la révolution chez les autres puissances.

L'intervention de la France dans les affaires européennes, un appel de l'Alsace et de la Lorraine, des entreprises ouvertement monarchiques, des émeutes princières rendraient nécessaires la république radicale et Gambetta.

La question des rapports du travail et du capital, dont l'urgence ne peut échapper à aucun homme d'Etat, nous donnera la république formaliste et Louis Blanc pour président de la République après M. Thiers, si la France n'est pas détournée des réformes sociales par la guerre extérieure.

TABLE DES MATIÈRES.